SYLLABAIRE

FRANÇAIS.

MÉTHODE MIXTE.

Par C.-A. B***

PROPRIÉTÉ.

Prix : cinq centimes.

BESANÇON.

LIBRAIRIE CLASSIQUE DE BULLE,

RUE SAINT-VINCENT, 6.

1853.

SYLLABAIRE FRANÇAIS.

MÉTHODE MIXTE.

A B C D E F G
a b c d e f g
H I J K L M N O P
h i j k l m n o p
Q R S T U V X Y Z
q r s t u v x y z

A E   I O U
a c é è ê i o u

C (ce)   K (que)   Q (que)   Ç (se)
c   k   q

En vente chez **Bulle** *, libraire à Besançon.*

Syllabes de deux lettres.

b	a	b	e	b	i	b	o	b	u
c	a	c	e	c	i	c	o	c	u
d	a	d	e	d	i	d	o	d	u
f	a	f	e	f	i	f	o	f	u
g	a	g	e	g	i	g	o	g	u
j	a	j	e	j	i	j	o	j	u
m	a	m	e	m	i	m	o	m	u
r	a	r	e	r	i	r	o	r	u
v	a	v	e	v	i	v	o	v	u
z	a	z	e	z	i	z	o	z	u

a	b	e	b	i	b	o	b	u	b
a	c	e	c	i	c	o	c	u	c
a	r	e	r	i	r	o	r	u	r
a	f	e	f	i	f	o	f	u	f
a	s	e	s	i	s	o	s	u	s

pa ra ca ma ta sa fa na

do tu zi bu ga vé mi su

jo ni te cè mo ru ti la

al ac ar is uf am or ud

ec ob iz ur al of ic us

pa-pa | a-mi | sa-ge | vé-ri-té
a-mé-ni-té | sé-vé-ri-té | pè-re
mè-re | o-ri-gi-ne | ma-tu-
ri-té | pa-ra-de | mé-de-ci-ne
tê-te | ré-pé-té | li-re | mé-ri-te
mé-di-re | cé-lé-ri-té | pi-qû-re
li-me | mo-de | ro-se | sa-va-te
o-ri-gi-ne | lu-ne | sa-la-de
mi-di | no-te | ac-te | ap-
ti-tu-de | al-cô-ve | pa-ri
la | na-tu-re | ma-da-me

Syllabes de trois lettres.

b	ar	p	ac	f	al	m	ar	n	al
b	ir	p	ic	f	il	m	ir	n	il
j	or	s	oc	f	ol	d	or	v	ol
z	ur	d	uc	t	ul	m	ur	b	ul

var tal dic jur vol dac par

soc bol zor lod mir nel vif

ral sac jor fir gal vil bif

su-bor-do-nné | ver-tu | ani-

mal | cul-bu-te | ré-col-te

gar-ni-tu-re | dor-mir | cal-cul

bo-cal | ar-se-nal.

la vol-ti-ge du cé-le-ri
de la mar-me-la-de l'é-
tu-de u-ti-le la so-li-di-té
de l'é-di-fi-ce l'ap-ti-tu-de
de cet-te per-son-ne la
for-tu-ne de ma mè-re la
co-car-de du gé-né-ral le
ca-nif de Vic-tor une
bon-ne ré-col-te la gar-
ni-tu-re de la ro-be la
pi-pe du sol-dat

Consonnes composées et doubles consonnes.

ch   gn   ph   ill

br   cr   fl   dr   st   ps   vr

sc   pr   str   scr   bl   gr   phr

ch	a	br	a	ill	a	gn	a	ph	a
vr	i	dr	i	gl	i	st	i	bl	i
str	o	scr	o	bl	o	vr	o	pr	o
cr	u	dr	ú	bl	u	ph	u	ch	u

mar-bre	fra-gi-le	bri-de
fri-re		pro-no-mi-nal
ar-bre	grâ-ce	flam-me
cha-ri-té		scor-so-nè-re

la gra-vi-té du ju-ge le cri-me se-ra pu-ni la sté-ri-li-té du sol la phré-no-lo-gie le bloc de mar-bre le cha-pi-tre qua-tre la fri-tu-re la bri-de du che-val le tri-bu-nal ci-vil le li-bre ar-bi-tre de l'hom-me la fé-ro-ci-té du ti-gre le cha-peau du car-di-nal.

Voyelles composées.

an in on un eu œu ou en

o au eau aux eaux

in im ein ain aim aint

è ei ai ais ait aient

b	an	c	an	f	an	r	an	s	an
p	in	f	in	c	in	z	in	l	in
d	on	g	on	r	on	s	on	t	on
v	un	l	un	j	un	r	un	c	un
br	an	fr	on	gl	ou	st	eu	gn	an
sc	ou	fr	ein	b	eau	s	aint	fr	ou

bon beau reu sin faim
pron frau sun stou glan
vou teu feu run plein
san leu brin gnon phin
illou cheu plan fron grun

p our	l our	f our	m our
gn eur	p eur	t eur	s eur
m eur	st our	fl eur	v our

bour teur flour gneur
phour tour meur leur
nour pour

la bon-té le feu-illa-ge
l'a-mour du Sei-gneur se
no-mme cha-ri-té le chi-
gnon le feu le ca-illou un
chou la cam-pa-gne fleu-rie
le bour-do-nne-ment des
mou-ches la fu-reur du
mé-chant la bon-té d'un
pè-re pour ses en-fants
le cha-grin d'u-ne mè-re
le jou-jou de Char-les.

(12)

Diphtongues.

ia ié iè io oi ui

ian ieu iou ien ion oin oui

b	ia	d	ia	f	ia	gn	ia	v	ia
j	ié	c	ié	m	ié	r	ié	z	ié
b	io	n	io	v	io	t	io	j	io
s	ian	v	ian	t	ian	p	ian	f	ian
p	ieu	gn	iou	r	ion	s	oin	t	ien
s	oi	l	oui	r	oi	m	oi	t	ui

bio ria gnion soi joi phiou

moi ziè soin fieu rion sui

Dieu aime les enfants sages et studieux, un homme violent, le feuillage mouillé, se traîner dans l'ornière du vice, la consolation des malheureux, je suis tout en émoi, la variété des saisons, une opération difficile, la moitié de trois, une biographie, la première impression, l'amour du prochain, le soutien des pauvres.

Oraison dominicale.

Notre Père, qui êtes aux Cieux, que votre nom soit sanctifié ; que votre règne arrive ; que votre volonté soit faite sur la terre comme au Ciel ; donnez-nous aujourd'hui notre pain de chaque jour ; pardonnez-nous nos offenses comme nous pardonnons à ceux qui nous ont offensés ; et ne nous laissez pas succomber à la tentation, mais délivrez-nous du mal. Ainsi soit-il.

Pater noster, qui es in Cœlis, sanctificetur nomen tuum ; adveniat regnum tuum ; fiat voluntas tua, sicut in Cœlo et in terrâ ; panem nostrum quotidianum da nobis hodie ; et dimitte nobis debita nostra, sicut et nos dimittimus debitoribus nostris. Et ne nos inducas in tentationem ; sed libera nos à malo. Amen.

Salutation angélique.

Je vous salue, Marie, pleine de grâces, le Seigneur est avec vous,

Ave, Maria, gratiâ plena, Dominus tecum, benedicta tu

in mulieribus, et benedictus fructus ventris tui, Jesus.

Sancta Maria, Mater Dei, ora pro nobis peccatoribus nunc et in horâ mortis nostræ. Amen.

vous êtes bénie entre toutes les femmes, et Jésus, le fruit de vos entrailles, est béni.

Sainte Marie, Mère de Dieu, priez pour nous pauvres pécheurs, maintenant et à l'heure de notre mort.

Ainsi soit-il.

Symbole des Apôtres.

Credo in Deum, Patrem omnipotentem, Creatorem Cœli et terræ; et in Jesum Christum, Filium ejus unicum, Dominum nostrum; qui conceptus est de Spiritu Sancto, natus ex Maria Virgine,

Je crois en Dieu le Père Tout-Puissant, Créateur du ciel et de la terre, et en Jésus-Christ son Fils unique Notre-Seigneur, qui a été conçu du Saint-Esprit, est né de la Vierge Marie; qui a souffert sous Ponce-

Pilate, a été crucifié, est mort et a été enseveli; qui est descendu aux enfers, le troisième jour est ressuscité des morts; est monté aux Cieux, est assis à la droite de Dieu le Père Tout-Puissant, d'où il viendra juger les vivants et les morts.

Je crois au Saint-Esprit, la sainte Eglise Catholique, la communion des Saints, la rémission des péchés, la résurrection de la chair, la vie éternelle. Ainsi soit-il.

passus sub Pontio Pilato, crucifixus, mortuus et sepultus; descendit ad inferos, tertiâ die resurrexit à mortuis; ascendit ad Cœlos sedet ad dexteram Dei Patris omnipotentis, inde venturus est judicare vivos et mortuos.

Credo in Spiritum Sanctum, sanctam Ecclesiam Catholicam, Sanctorum communionem, remissionem peccatorum, carnis resurrectionem vitam æternam. Amen.

BESANÇON, IMPRIMERIE DE J. BONVALOT.

www.ingramcontent.com/pod-product-compliance
Lightning Source LLC
Chambersburg PA
CBHW061206050726
47594CB00008B/3584